अनजानी कविताएं

श्री बलराम सिंह भाटी

BlueRose ONE.com
Stories Matter
NewDelhi • London

BLUEROSE PUBLISHERS
India | U.K.

Copyright © Shri Balram Singh Bhati 2024

All rights reserved by author. No part of this publication may be reproduced, stored in a retrieval system or transmitted in any form or by any means, electronic, mechanical, photocopying, recording or otherwise, without the prior permission of the author. Although every precaution has been taken to verify the accuracy of the information contained herein, the publisher assumes no responsibility for any errors or omissions. No liability is assumed for damages that may result from the use of information contained within.

BlueRose Publishers takes no responsibility for any damages, losses, or liabilities that may arise from the use or misuse of the information, products, or services provided in this publication.

For permissions requests or inquiries regarding this publication, please contact:

BLUEROSE PUBLISHERS
www.BlueRoseONE.com
info@bluerosepublishers.com
+91 8882 898 898
+4407342408967

ISBN: 978-93-5989-315-0

Cover design: Rishav Rai
Typesetting: Rohit

First Edition: February 2024

भूमिका

जीवन एक ऐसी यात्रा हैं, जिसे हर सजीव प्राणी अपने प्रारंम्भिक बिंदु(जन्म) से शुरू कर गंतव्य मार्ग की ओर निरंतर यात्राशील रहकर पूर्ण करता हैं! हम जीवन की अनुभवशाली यादो को सजो कर रखना चाहते है, इन यादों को हम उन पलो में किसी को सुनाना/कहना चाहते हैं जब हम बहुत प्रसन्न व अवसादरहित होते हैं! सुखपल हमारे लिए जीवन की बुलेट-ट्रेन की यात्रा के समान हैं,जो हमें उम्र कब बढ चली...ये अनुभव होने नही देते।

फलीभूत होती लगती हैं जिंदगी,जब समय बीतता तेज़ी से!
लिखना वो पल तुम लेखनी, जो मुझको लगे अति प्रिय से!

हम जीवन में अनेकों कष्ट व झंझटों का सामना करते हैं,सुख-दुख जीवन का अटूट हिस्सा हैं, यह हमें विरासत में मिलता हैं, कर्मफल द्वारा प्राप्त सुख बोनस की तरह हैं जो जीवन को अतिरिक्त उत्साह व उन्माद प्रदान करता हैं! यदि दुःख नही हो तो सुख का अनुभव ही नही होगा।

''बात जगत ने एक बताई..
सुख-दुख दोनो भाई-भाई!
जीवन यह विरासत में पाता..
मिलता जितना हिस्से में आता!''

कर्तव्य मार्ग पर डटे रहना व निरंतर सुख-दुख की वैतरणी में सफल पथिक बन यात्रा पूर्ण करने वालों का इतिहास सदैव लिखा जाता हैं, हम यहां मृत्यु-लोक पर किसी प्रयोजन के लिए जन्में है, हम ऐसे कार्य करें जो दूसरों के लिए अनुकरणीय हो व आने वाली पीढ़ियां आपका स्मरण करें।युगीन वीर योद्धाओं की जीवनी पराक्रम करतब सब हमें कलम की सहायता से पढ़ने को मिलें, यदि चारण भाट न होते तो हमें वीरों की साहसिक कथाएँ सुनने पढ़ने को न मिलती, लेखनी अत्यंत पूजनीय हैं, अदम्य साहस रखती हैं, यह कानून हैं,सच है ,दर्पण हैं, मार्गदर्शक हैं, पुराणों/शास्त्रों/महाग्रंथों को सृजित कर अनादिकाल से मानव को राह दिखाने वाली पथप्रदर्शक बनी हुई हैं!

''लेखनी हूँ लेख लिख करतब अजब दिखलाती हूँ !
करती हूँ कलम से सर कलम, तलवार मैं बन जाती हूँ।''

कवियों लेखको ने सर्वदा सामाजिक मुद्दों व कुरीतियों को समाज के सामने लाकर उनके उन्मूलन की राह तय की है! कवि प्रकृति का पहरेदार भी हैं, उसको कविता लिखने की प्रेरणा सर्वप्रथम प्रकृति से ही आती हैं।

सफल जीवन अनेको कहानिया बयां करता है! मैंने भी अपनी यादो व अनुभव की परछाई में कुछ चंद कविताए रचित की हैं, जो इस पुस्तक के माध्यम से आप तक पहुँचाकर अपना कर्त्वय पूर्ण कर रहा हूँ, समय कितना तीव्र गति से व्यतीत हो रहा हैं, ये भान मुझे तब हुआ जब मैं स्वैच्छिक अवकाश ग्रहण कर नागरिक जीवन में अपनी उपस्थिति दर्जकर नित नये अनुभव प्राप्त करने लगा। वायुसेना में सेवारत जीवन व नया नागरिक जीवन दोनो में परस्पर विषमताएँ हैं, यूं समझिए कि सेना में जीवन उस प्रोटॉन की तरह हैं जो अपने न्यूक्लियस से बंधा है, जबकि सिविल लाईफ (नागरिक जीवन) फ्री इलेक्ट्रान की तरह

हैं,जो कभी-२ बंधन ऊर्जा को तोड़ कर अन्य के साथ गठबंधन को तत्पर रहता हो... इन सबसे अनुभव पा कुछ यादें कविताबद्ध कर ''अनजानी कविताए''संग्रह द्वारा आप तक पहुंचाने का प्रयास है...आशातीत हूँ आपको पसंद अवश्य आएगी।

अनुक्रमणिका

1. असल हकदार 1
2. हार-जीत 3
3. आर्य 4
4. बीते पल 6
5. सुप्रभातम 7
6. जीवन संघर्ष 8
7. सच्चा मित्र 10
8. पैट्रोल की आत्मकथा 11
9. टनल...सिलक्यारा 13
11. फुरसत 15
12. ओ चमन के माली सुन 17
13. मै महासागर तू प्रेमनदी 18
14. मजदूर 21
15. नंबरदार 23
16. सुन टटीरी 25
17. कठिन प्रयास 27
18. स्वर्ग-धरा 29
19. ऊर्जावान कवि 32
20. सुख-दु:ख 33
21. ममत्व 35
22. सूर्योदय 36
23. दर्शन की आस 38

24. आओ उन्हें नमन करें...........................41

25. विकास की आँधी............................42

26. सुबह की सैर................................44

27. सैलून..45

28. बरस विदाई.................................47

29. हिंदी दिवस..................................48

30. मूछ की पूछ.................................49

31. आओ खेले होली............................51

32. अर्थ..52

33. नन्हे कुलदीप................................53

34. मेरी प्रेम-यात्रा..............................56

35. प्यासा सावन................................59

36. लेखनी हूँ....................................60

37. मेरा रथी....................................61

38. उथल पुथल.................................63

39. हाथ की लकीर..............................65

40. बूंदे..67

41. मन रे तू बडा चंचल.........................68

42. कुरूक्षेत्र......................................70

43. सुन रे! कवि................................74

44. नन्ही परी....................................76

45. किसान......................................78

1. असल हकदार

इस धरा पर सबका हक हैं-
सुन लो कौन हकदार हकीकी!
तुम अकेले नही जगत में
ये विरासत हैं,रे नर! सबकी!

देती प्यार-दुलार सभी को
ये भेद-भाव न करना जानें!
इतना अधिकार क्यू जतलाता
रे! मानव! क्यू भृकुटी को तानें!

सांस चले तक -हक हैं तेरा
सांस निकलते-बदले नाम!
जीवन मृत्यु के बीच डगर की-
अब तो कर ले तू पहचान!

कितने शासक-प्रशासक आए-
सब गये यहां से खाली हाथ!
चला जीतने समग्र विश्व को
देख सिकंदर लौटा खाली हाथ।

जीतूँ सारी दुनिया को मैं-
हिटलर ने भी देखा सपना!
गिरा गुमान नेपोलियन का-
न कर पाया वाटरलू अपना!

गाँठ बाँध लो नर अब तुम-
कि हक अस्थाई हैं तेरा!
खोलो ज्ञान के चक्षुओं को
निश्चित सुखद जीवन तेरा॥

2. हार-जीत

हार भी उपहार है, आगे बढना सिखाती है!
जीत है उन्माद एक, अभिमान को जगाती है!
मिली हार से सीख ये, कि जीत ही जाऊंगा समर!
बुलंदी पाऊंगा जरूर, प्रयास करता रहा अगर!
राह में कॉंटे घने, पग लहूलुहान है!
जीतने को रण, मन बीच घमासान है!
तान दे रही है दुंदुभी, करताल सतत बज रही
अरि हुआ नतमस्तक, हार जीत सी सज रही
पा ही लेते शूरवीर, ठान ले जो होता कठिन!
मिल ही जाती है मंजिल, आ जाता शुभदिन!
बीच समर जो नही, जीत का पान कैसे करे!
अरि को कैसे हरे, हार पर वार कैसे करे!
संघर्ष को जिसने शस्त्र बनाया, उनकी सदैव ही जय हो!
अरि का साहस गिरे, प्रयत्न यदि पूण्य हो!

3. आर्य

आर्य जाति नहीं,न धर्म हैं-
ये उत्तम जीवनशैली का मर्म हैं!
जो पथ से भटका, धर्म से हट गया-
उसे लीक पर लाने का मंत्र हैं!
आर्य न मानव हैं, यह सुर भी नही!
यह मार्गदर्शक उनका-
पनपें जिनमें असुर कहीं!
सचका साथी, वेद हिमायती-
बनकर शास्त्र विचरता हैं!
रे!मानव अपना ले इसको-
नवजीवन इसमें बसता हैं।
अगर वरा नही! नर तूने इसको-
यह तेरे जीवन की बड़ी भूल हैं।
परित्याग करो,इसी पल अनीति का-
यह वैदिक-नीति का स्कूल हैं!॥आर्य॥

आर्यों अनार्यों के बीच संघर्ष
अनादिकाल से होता आया!
लहराया भगवा सदैव धर्म का-
विनाश मलीनों का होता आया।
प्रकृति रक्षण के प्रहरी हैं-
हवनों से हितकारी बन!

शुद्ध वायुमंडल को करते यज्ञ से-
सघन वायु को कर विरल!
करते निरामय जीवन को-
दे आहुति प्रातःबेला यज्ञ में!
कर परिश्रम चले सत्मार्ग
आर्य चमकते इस जग में!
सनातन के प्रहरी हैं,
कर रहे,वेदों का नित प्रचार!
सत्यार्थ-प्रकाश मूलमंत्र हैं..
स्वामी जी का कोटि-२ आभार!
दिया ज्ञान हमें, बंद चक्षु खोले-
कि मानव तू ईश्वर का मूल हैं।
आत्मा का शरीर आवरण-
एक सूक्ष्म-दूजा स्थूल हैं॥आर्य॥

4. बीते पल

विस्मृत हो गये सुखपल मित्रों , मेरे प्यारे बचपन के!
हाथ लगी निराशा मित्रो,जब हुए हम पचपन के।
खेला करते भरी दूपहरी, तरूवर की शीतल छाया में!
पूरा दिन बीता जाता, मॉ पुकारती....कहता..मैय्या आया मैं।
तेज दौडकर घर को जाता , गिरता बीच दालान में!
मॉ आंचल मे अपने ले लेती, मानो हूं कोई नन्हा मेहमान मैं।
मॉ ने पूछा गिरा क्यू बेटे, क्या रस्ते मे रपटन थी!
बातो-२ में दवा लगा दी..उफ्फ! मैय्या ये तो उबटन थी।
मॉ मेरी फिर कहानी कहती, एक रानी और एक राजा की।

मै पहले ही सुन चुका हूं माते, मॉ कहती ये तो बेटा ताजा थी।
कुछ भी कहो मॉ मेरी भी, नयी कहानी घडती थी!
कहानी सुनते-२ निंद्रा न जाने कब जकडती थी।
भोर हुई उठ बैठे झट से, पाया दादा की गोद में।
इस बिस्तर पर कैसे पहुंचा, नही कर पाया बोध मैं।
मॉ फिर खिला-पिलाकर देती, भेज मुझे स्कूल में।
मास्टरजी से खाते पिटाई, पाठ जाता जब भूल मैं।
टनटन बजता घण्टा , लगती मेराथन दौड फिर!
सीधे पहुचते घर को मित्रो, चाहे कितने हो मोड फिर।
अलग मजा था उस दुनिया का, काश लौटा सकते ओ मेरे जगदीश!
कोटि-२ करू अभिनंदन, गर पा जाऊं अपना अतीत॥

6

5. सुप्रभातम

अरूण उदित नव किरणों से
प्रकाशित करे, वसुंधरा को!
कल-२ करती जलधारा बहती
पाने अपने सागर को!
पाना सबका लक्ष्य सर्वदा
ये जीवन की है रीत!
उठ रे मानव कमर कस ले तु
मत आलस से कर तू प्रीत!

सुबह बेला

समेट बिछौना अंधकार का रजनी-
पौ फटते ही चिर-निद्रा में लीन हुई !
ऊषा वस्त्र सुनहले पहन, धरा पर
नव-वधु सी उदित हुई !
अति मनोहर दृश्य धरा का-
जो देखे मन हर्षित होता!
पा ले अति मनोरम पल हैं!
रे! मानव! उठ! तू इतना क्यू सोता!

6. जीवन संघर्ष

कितने दरिया पार करू..
कितने नदी तलैय्या!
किस लकडी की पतवार बनाऊ
किसको नाव खवैय्या॥

बंधी हूई है मेरी शक्ति
भर सकता मैं जोर नही!
बादल रात अमावस में
दिखते आदमखोर कही।
चपला चमके, पवन उग्र हो
डरा रही मेरे उर को!
डगर डरावनी बनी हुँई है,
याद दिलाती निज घर को।
दीन हालत में मैं हूँ फिर भी
पूर्ण करूंगा इस यात्रा को!
नही थकूंगा, आगे बढूंगा
कितना ही क्यूं न संकट हो!

बन डाकिया संदेशा भेजो
ओ! तरूवर के पाखी।
करूण पुकार मेरी भी सुन लो
दुख में बन जाओ मेरे साथी।

बतला देना तुम अपनों को
गैरों पर गौर नही करना।
संदेश सही देना उनको
देखो कोई भूल नही करना।
हर ने हरा हूँ हर ही तारेंगे
हरपल मैं जपता हर को!
नैय्या बीच भंवर में हर है
क्या भूले हो अपने नर को?

कमर कसी, श्रमजल बहाया
चला जीतने मैं डर को!
आत्मबल बना मेरा साथी
निकल पड़ा जग-जय को।
कर गया पार कठिन राह को
मैंने नव जीवन पाया!
हटा पुरानी केंचुली को
नव आवरण सा पाया।
गिरता जो संभल जाए!
अपनी मेहनत से फल पाएं!
वही कूदे इस दरिया में!
और विजयपताका लहराएं।

7. सच्चा मित्र

सच्चे मित्र का मिलना जीवन मे,
बडे भाग्य की बात है यारों!
गुण-अवगुण को चित्त-धरण कर,
जो संगी हो वही मित्र है यारों!
यश-अपयश में साथी बनकर,
जग से लडे वो मित्र है यारों।
दीन हालातो में, जीवन के झंझावातों मे, साथ खडा हो, वो मित्र है यारो!
निःस्वार्थ हो बांह पकड,
जो राह दिखाये,वो मित्र है यारो!
घोर अंधेरे का उजाला,
हो हलाहल या हाला का प्याला...
पान करे , वो मित्र है यारो॥

8. पैट्रोल की आत्मकथा

सुनो भाइयों! आज सुनाता!
      रो-रोकर यह कहानी हूँ!
कैसी-कैसी मुसीबत में जीता-
      मरता मैं खाड़ी का पानी हूँ!

रोज काम में सबके आता!
सबकी चिंता दूर भगाता!
मम्मी को पापा से, नेता को जनता से
प्रेमी को प्रेमिका से, दूर-२ तक मैं मिलाता!
इस सब पर भी मैं कभी न थकता-
वर्षों तक टैंकों में सड़ता-
बडे-बड़े उद्योग मेरी कृपा से-
मेरे combustion की ऊर्जा से-
जीवन सुलभ बनाते हैं....
बस हर-पल मुझे जलाते हैं!

मैं बड़ा ही सुशील सजीला-
दोष किसी को न देता हूँ!
MT System को भी
अपनी- मैं ऊर्जा देता हूँ!
आता suction induction manifold से-

जाता मैं भी बड़े bold(साहस) से !
एक लंबी यात्रा पाईपलाइन में-
कार्बूरेटर से अटॉमाईज्ड फार्म में!
श्रू इनलेट CC में जाता हूँ!
क्रूर कठोर पिस्टन के थपेड़े खाता हूँ!

होता हूँ Compressed वहाँ
फिर रूक जाती साँसें मेरी !
देते हैं Spark वहाँ फिर,उठती हैं अर्थी मेरी!
बन धुआँ अब मेरी आत्मा
जाती हैं Exhaust से!
आगे भी रोने नही देते-
तड़फ उठता हूँ मैं कष्ट से!
गार्ड बना Silencer
कर देता हैं चुप मुझे!
बस एक झटके के साथ -
ही कर देता हैं बाहर मुझे!

बस यही हैं मेरी आत्म-कहानी-
जो वर्षों से थी अनजानी!
आज आपको इस पटल पर
सुनाई गयी भाटी की जुबानी!

9. टनल...सिलक्यारा

हूँ खनिक कर्म से..चला हूँ खोदने टनल!
करता हूँ मजदूरी, बुझाने को पेट की अनल!
संग मेरे साथी हैं.. जो अलग-२ प्रदेश से!
मकसद सबका एक है ..खोदनी है टनल!

पत्थरो को काटना..अविरत प्रयास हम करें!
दूर पहले थी डगर..उसको कम हम करें!
देशहित कार्य हैं..हम पीछे क्योंकर हटे?
नागरिक फर्ज हैं..कर्तव्य मार्ग पर हम डटें!
पूर्ण करने को सज्ज हम.कार्य नही ये इतना सरल॥ चला हूँ खोदने टनल॥

डर किंचित् भी नही, कार्य मे लगा हुआ!
अपना पसीना बहाकर, सत्कार्य मे लगा हुआ
भूख-प्यास छोड़कर, काट शिला मूल को
पार कर लूंगा मैं, गिरि कितना ही स्थूल हो
निरंतर प्रयासरत..इरादा है मेरा अटल॥चला हूँ...

किंतु परीक्षा देनी पड़ती है हर वीर को!
भेदा शिलाखंड एक, था अधिक प्रचंड जो!
फंसी वीरों की टोलियां, कार्य बाधा हुई जब!
साँस रूकने लगी, याद आया भगवान अब!
साहसी वीर हम,संकटों में न होते विकल॥चला हूँ...

सिलक्यारा सुरंग अब, छा गई अखबार में
राहतकर्मी लगे काम पर, जैसे हो वॉर में !
रैट-माईनर टीम भी.. है अनोखी सेना ये!
जीवन को बचाना, लक्ष्य मानती है ये!
रच दिया इतिहास..किए ४१ जीवन सफल॥चला हूँ...खोदने टनल

देश का प्रधान जब, ख्याल रखे प्रजा का
घर-२ खुशहाली ,देश रहें दिवाली सा सजा!
निर्णय ने चंद्रगुप्त सा, राजा प्रजा को दिया!
चाणक्य की सोच ने, बुलंद भारत को किया
आह्वान हम करे,फिर बने विश्वगुरू भारत अखंड!

11. फुरसत

मिले अगर फुरसत काम से,
तो दो बात कर लेना साथी!
कर रही है पुकार मित्रता,
चलो मिलकर दूर करें उदासी!
शाम ढल चुकी है देखो,
सब कारखाने बंद है
सजी दुल्हन सी मधुशाला,
वाह! क्या गजब प्रबंध है?
साखी बनेगा मित्र जब-
बहुत आनंद मैं पाऊंगा!
यादें पुरानी ताजा होंगी
मित्र संग उम्र अब बढ़ाऊंगा!
काम का बोझ कभी
न ढोना, मित्र तुम!
निकाल.. दो पल फुरसत के
साथ बैठना मित्र तुम!
जीवन छोटा .. काम अधिक है..
व्यस्त व्यवसायी तुम!
मानता हूँ काम से लगाव
अति करते हो तुम!
आराम दो.. शरीर को..
विराम दो..न अधीर हो!

मित्र हूँ मैं तेरा, मुझसे
तनिक सीख लो!
सूर नही हूँ कि देख न पाऊं
मित्र के मुख के अभिलाष को
सुर नहीं हूँ पर असुर भी नही, जो भूल जाऊँ,
मित्रता के अनुपम उपहार को!
बैठा हूँ, गोद में मैं,
मित्रता आलंब है!
मित्र हमारी ये मित्रता
जीवन-भर का अनुबंध है!

12. ओ चमन के माली सुन

सुन! चमन के माली सुन!
मेरे लिए,ऐसे पुष्प तु चुन!
जो महकाऐ मंदिर आंगन!
जो लगे प्रभु को अति मनभावन!

प्रार्थना सुन माली मेरी करवंद!
दे पुष्प, जो प्रभु को आए पसंद!
देख न तुझसे हो कोई भूल!
स्वस्थ सजीले देना फूल।

गलमाल बनाना, जिसमें न्यारे हो फूल!
ईश्वर पहने पुलकित हो, जगमूल!
मेरी तुझसे यही पुकार!
तेरा रहू ऋणी ले पुष्प उधार!

दूंगा लौटा-कर मुझपर उपकार!
मेरा प्रभु से है आज साक्षातकार!
मिलेगा जो मुझे,आधा तेरा होगा!
मेरे हित में तेरा साझा होगा!

13. मैं महासागर तू प्रेमनदी

मैं महासागर, तुम प्रेम नदी!
मुश्किल है,हम मिलें कभी!
हैं असंभव...मैं समीप पाऊं!
करो परिश्रम..मैं मिल पाऊं!

मैं शांत हिलोरे लेता हूं!
तुम प्रेममिलन को विचलित हो!
तुम विरह में जल-जल कर-
टेढी मेंढी चलती हो!

तुम जीवन की मुख्य कड़ी हो!
विस्मृत पथ पर फिर क्यू खडी हों।
आगे बढ़ो,घने कानन में!
प्रेम बरसाओ,खुले दामन से।

मन में तनिक शंका न लाओ!
बढी चलो खाडी तक, साजन पाओ।
मन में भरे बवंडर जो तेरे!
घोर हताशा के बादल तुझे घेरे!

इनको तुम्हें दुतकारना होगा!
आत्मबल को पुचकारना होगा।
मिल जाएगी मंजिल तुझको!
रटो राम को, मिल पाओ मुझको!

देखो तुफान है आनेवाला!
मैं चलकर तुझ तक नही आनेवाला।
मैं घोर लहर में गोते खाकर!
विश्राम करूँ अति इठलाकर।

तुमने पाना यदि मुझको प्रिये!
कदम उठाने होंगे फिर ये!
कंकड़ पत्थर पर चलना होगा!
समग्र मरूस्थल छलना होगा।

घने अरण्य से कैसे निकलो!
छोटी चींटी से तुम सबक लो।
फिर मिलें सुखद सफर मैदानी!
अब सुस्ता लो अलसित जवानी।

तेरे संघर्ष की घोर सराहना!
सचमुच तुझे सिर्फ प्रेम चाहना।
सफल हूई तपस्या तेरी!
अब तुम बनी संगिनी मेरी।
तुम प्रेम-नदी! मैं भव्यसागर हूँ।

तुम जीवनमयी जल, मैं गागर हूँ।
दोनो जगत कल्याण के पाती।
आओ बने अब जीवनसाथी॥

अभिलक्षित मिलन पूरा हुआ अब प्रिये।
सरल हृदय में जो सपने बोये।
मिलन सुखद हो ईश्वर सबका!
जीवन सफल हो मेहनतकश का॥

14. मजदूर

चिलचिलाती धूप है,
और ज्येष्ठ की दोपहरी!
पानी नही सरोवर मे,
सूखी पड़ी जलहरी।

पवन तपन से गठबंधन कर-
चली जलाने धरती को!
किस कारण बनी आतंकी-
क्या हुआ? छोड़ो इस प्रवृत्ति को!

पक्षी प्यासे, पशु परेशान-
तरूवर देखो कुम्हलाते है!
नमी रही नही हवा में अब तो-
किसी पल, प्राण अब जाते है!

इतनी भीषण हालत में -
फिर भी कोई गीत गुनगुनाता है!
अपना श्रमजल बहाकर
वह सुखों का महल बनाता है!

ईट नींव की रखता वह-
महल-मुकुट भी बुनता है!
सर्दी-गर्मी से परहेज नही-
वह मंजिल-मंजिल चलता है।

कितने महल-भवन बनाए-
पर हिस्से एक नही आया है!
प्रारब्ध लिखा कुदरत ने ऐसा-
कई महिनों से वेतन भी नही पाया हैं!

रोता नही, भाग्य पर उसको
अब भी कहीं भरोसा हैं!
पढ-लिखकर पीढ़ी कुछ कर ले-
ऐसा उसने सोचा है!

मानदेय सरकार ने ठाना-
पर क्या उतना मिलता है!
उसकी मेहनत में हिस्सा पाकर-
ठेकेदार का घर चलता है!

करनी किसकी, कौन कमाएं-
जग बस यूँही चलता हैं!
सुबह का उगना, शाम का ढलना-
जीवन यूँही चलता हैं!
अंतिम उसने नियति पर छोड़ा-

जीवन ज़रूर संवारेगी!
मजबूर-मजदूर हैं लेकिन
मेहनत ही उसे उबारेगी!

15. नंबरदार

जमीन बिकी मीटर से देखो
ध्वस्त हूई नम्बरदारी!
फीता घूमा खेतों पर
नहीं रही सीरदारी!

बने हुए थे जमींदार जो
जमीन निकल गयी खातों से!
अकड़ अभी भी बाकी रह गयी
काम चलाते बातों से।

होशियार सिंह होशियारी छोड़ो
अब कहां है जमींदारी!
जिस भूमि के तुम थे मालिक
उसपर कोठी चमके म्हारी!

परिवर्तन किया समय ने
कुदरत रंग दिखलाए—
असंख्य प्रविष्टी हुई खतौनी में
फिर भी मूंछ पैनाए!

गरीब हुए अमीर,
समीर- बहे मतवाली!
100 गज के भूखंडों ने
नंबर कर दिया खाली!

खोनेवाले पा गये अपना
सपना जो था देखा !
कर परिश्रम स्वयं ही खींची
निज हाथ भाग्य की रेखा!

लक्ष्य बनाया, नही रूकूँगा
पा लूंगा सपना अपना!
क्षण एक विश्राम करूँ न,
नही सींखा मैंने थकना।

परिवर्तन समाज नियम एक
करवट ये भी बदले!
कई वर्षों से जो थे पिछड़े
आज दिखें वो अगड़े!

पर क्या अगड़े,क्या पिछड़े
हम सब हैं भारतवासी!
समीर बहाओ प्रभु अब ऐसी
देश से दूर हटे उदासी!
भेद-भाव मिटें, बढ़े भाईचारा

सभी विकास करे अपना!
रहे एक नीड़ में मिलजुल
हम-सब मेरा है यही सपना!

16. सुन टटीरी

सुन री टटीरी!
रात कैसे कटी री!
इतनी भीषण सर्दी मे कैसे डटी री॥सुन री

सर्द हवाए, खूब तुझे सताए!
इक तू है टटई टी करती जाए।
घनघोर घटाए, जब तुझे डराए!
अपनी करनी, तू फिर दोहराए!
ऐसे संकटो से तू कभी न डरी री॥सुन री॥

आयी गर्मी, ना तेरे तेवरो मे नरमी!
चिलचिलाती तपन मे तू हठधर्मी!
नापे धरती, बन प्रकृति की पटवारिन!
पशु झुण्ड की बनकर ग्वालिन।
तेरी हालत देख,मेरी आंखे फटी री॥ सुन री॥

आई बरखा, रहे न कोई प्यासा!
पूरी हूई पादप अभिलाषा!
चहु ओर हरियाली छाई,
मोर चातक ने टेर लगाई!
अंधकार की परत हटी री॥सुन री॥

आया बसंत खिल उठा दिग-दिगंत!
फूल खिले डाल-२ देखो अनंत!
खेतो ने जमकर खेली होली,
सरसों सरस मन जब डोली!
इन रंगो में ओ रंगीली -
किसने तू रंगी री॥सुन री॥

मैने देखा तूझे कई हालो में!
इसबार मिला हू कई सालो मे
देखा तुझे बूरे हालातो में!
परेसान तू खत्म जंगलातो से
नही सुनवाई मानव अदालतो मे!
तेरी हालत बहुत बदतर री॥ सुन री॥

कैसे तेरा बीता पल लाऊं
तेरा गौरव कैसे लौटाऊं
देख मै भी अपने को बेबस पाऊं
असमंजस मे हूं किस घर जाऊं
 तूझसे प्रकृति की नजर हटी री॥ सुन री॥

17. कठिन प्रयास

कुछ तरूवर छोटे, कुछ अति बडे!
कोई छूता धरा, कुछ अम्बर से खडे।
दृष्टि पड़ी, जब खजूर पर!
अति लंबे हुजूर पर।

देखा चिड़िया का हौसला
उसने कहां बनाया घोंसला।
कर परिश्रम नीड़ बनाया!
अपना घर अभय फिर पाया।

कूतूहल ने मुझको घेरा!
कितना कठिन चिडिया का डेरा॥
तिनका चुन पहाड चढी वह!
दिनभर परिश्रम न थकी वह।

भूख प्यास भी त्यागी होगी!
रात योजना में आधी होगी।
क्या कठिन नही तिनके चुनना!
तिन चुनकर फिर उनको बुनना।

किस से सीखी बुनकर विद्या!
दूर करो मेरी ये दुविधा।
सहस्त्र लगाये अंबर फेरे!
तब जाकर सुखद रैन-बसेरे।

खेत खलिहान मैंने मापे!
ताल तलैया सारे नापे।
शुभ्र मिट्टी पर जुगनू बल्ब लगाया!
कृष्ण पक्ष का,शुक्ल पक्ष बनाया।

अब बढ़ चली पीढ़ी मेरी!
चीं-चीं चीं चूज़ों ने टेरी!
दिन सुहाने रातें मतवाली
प्रभु की कृपा पर मैं बलिहारी

धन्यवाद तेरा हे! निरंकारी!
बिन विश्वकर्मा कैसी कलाकारी।
देव बने मेरे सहकारी!
बैठ महल में अब इतरारी।

18. स्वर्ग-धरा

मंद वेग से चलता दिनकर
शिशिर ऋतु में अलसाया सा!
सिकुड़ी धरती, ठिठुरे प्राणी-
साहस तनिक घबराया सा!

प्रयत्न करो हे! मानव उठकर
कर्मवीर तुम हो जग के!
कर्मफल से सुलगा लो अंगीठी
कह रही ऊषा! कब से!

आगे बढ़ते हैं वहीं जग में
जो संघर्ष जीवन में करते!
कड़ी परीक्षा साहस भी देता
घाव समर के सब कहते!

रवि धुंध में छुपा हुआ हैं,
शक्ति क्षीण सी लगती हैं!
रवि-रश्मिया सुप्त घनी हैं-
ऊष्मा लुप्त सी दिखती हैं!

दक्षिणायन में परिकर्मा करना
दिनकर के लिए मुश्किल होता!
लंबी परिधि का चक्कर हैं-
उसको भी तो सोना होता!

ऋतु बदलना...प्राकृतिक घटना
जीवन इसमें फलता हैं!
मकर संक्रांति पर्व अनूठा
रवि दमकने लगता हैं!

खिलती सरसों, बाल गेंहू-
में नव पल्लव सी हैं खिलती!
अलसाई धरती पा नवचेतना
नवल वधु सी खिलती!

धूप सुनहली जीवन को
सहलाती बन ममतामय माता!
अति रमणीय वसंत का आना
रंगरूप धरा का बढ़ जाता!

पुष्प रंगीले खिले डाल पर
फुनगी पर चिड़ियों का डेरा!
सारस सुदूर प्रदेश जाने को
लगा रही अंबर फेरा!
ऋतुएँ आती जाती रहती

पर जीवन निर्बाध चलें!
स्वर्ग धरा हैं सब जीवों की
नीली छत नीचे सब फूले-फलें!

रहे सुरक्षित धरा हमारी
दूर प्रदूषण को करना होगा
सुन ले मानव! आज संभल जा
न समझा तो कल रोना होगा!

19. ऊर्जावान कवि

मैं हूँ ऊर्जावान कवि..
कड़ी मेहनत से लिखता हूँ!
हर विषय पर लिखने से पहले
खुद विस्मय में घिरा दिखता हूँ!
होता द्वन्द मेरे अंतर्मन में
हार मिलो या जीत।
जीता तो गीत मिलन के-
हारा-लिखूं विरह के गीत।
मन की बात लिखकर देखो
तुम भी हे! श्रेष्ठ मानव !
कथनी करनी भेद कराती
कौन देव, कौन दानव।
लेखन का आनंद तभी हैं-
श्रोता मन जब भाए!
मिले लेख से सीख सभी को-
लेख नीति बन जाए!
सत्य, न्याय और निष्पक्षता
साथ रहेगी कविताई में!
कर्म को अपना धर्म बनाकर
जीवन कर सुखदाई ये!

20. सुख-दु:ख

सुख-दु:ख जीवन संग हमारे!
पाठ पढाते न्यारे-न्यारे!
एक बतलाता सब हमारे
दूजा कहता कौन हमारे!

सुख मे रहते सब कोई साथी-
दु:ख मे रहे न कोई हिमायती।
एक रंगीला एक रोतेला!
एक सगा दूजा सोतेला।

एक भरा रूपयो का थैला!
दूजा पास रखे ना धेला।
दोनो सिक्के के दो पहलू!
सोचू किसको मै वर लू।

सुख रे! तू तो सबका साथी!
दु:ख मे जनता पास न आती।
मुझको सुख मे सुगंध है आती!
दु:ख रे! तू है निपट विलापी।

सुख के देखो सभी अभिलाषी!
दुख तू देता सदैव उदासी।
बात जगत ने एक बताई!
सुख दुख दोनो भाई-भाई।
दोनो जन्म विरासत मे पाता!
मिलता,जितना हिस्से मे आता।

21. ममत्व

वो रोती रही…दुख इतना!
मैं पीता रहा…आंसू का न गिरना!
उसने नदियॉ बहा दी…..इतना रोई!
मैं निरा रेगिस्तान सा….जैसे पत्थर कोई!
वह चिल्लाती रही…..ताप था घना!
मैं खामोश था…..संताप इतना!
वो बिलबिलाती रही …..बेबसी ज्यादा!
मैं मदहोश था…. मन में बवंडर ज्यादा!
इतना अंतर है …नर मादा में!
है जीवन नहीं…कतई सादा ये!
मैं पिता हूँ… वह एक माता!
वो ममता छवि.. मैं प्यार न जतलाता!
आँचल में उसके… दुलार बहुत!
मेरे आलिंगन में…प्यार विपुल!
अंतर हैं पर निरंतरता…
दोनो के उर में बसती वत्सलता!
दोनो का प्रेम तटस्थ ठहरा!
ममत्व अंधा,पितृत्व बहरा!

22. सूर्योदय

नवल उदय हैं, रवि उत्सुक हैं!
समग्र जग चमकाने को!
उठा कर्मवीर को नींद से-
कुरूक्षेत्र में जाने को!

ग्रहस्थ तपोवन-भूमि एक-
जिसमें तपना है अत्यंत कठिन!
संघर्षशील बन! मानव फिर-
तुम! जीतोगे! इस जग के कुरूक्षेत्र सभी!

चढ़ना शिखर, धूप बिखेरना...
नित रवि कसरत करता है!
दूर हटा अंधकार विश्व से-
विजित संध्या में ढलता है।

रजनी करती नृत्य, जुगनू-
दीप्त सभा को करते हैं!
भरती हूंकार नीरवता में
प्रकृति तारागण मंगल गाते हैं!

ऊषा घूंघट पट खोल,वर से
शुभ मिलन की हैं अभिलाषी !
रखती पैर आंचल रजनी के
बन पटरानी दिवस पिया की!

पक्षी कलरव-गान सुनाकर
आते सब बाराती बनकर!
जगते सोये प्राणी जग के
कोयल वाणी सुनकर!

खग कुनबा खेल-देखकर
ऊषा स्वयं को हर्षित पाती!
नदियां-झरने और सरोवर
तृप्त पिपासा के सब निर्याती!

पवन सुमन से पुंकेसर चुन
गंध चमन में वह बिखराती!
दिन उगता दूल्हा बनकर
ऊषा मायके फिर लौट जाती!

मिलन संध्या से निश्चित है किंतु
वह प्रेमिका अल्हड़ आली!
नही पसंद इसे आलिंगन
दूर दिवस से रहने वाली

23. दर्शन की आस

निकली घर से ले पुष्प मैं-
रखकर अपनी थाली में।
रोली,धूप,प्रसाद व चंदन-
ले शुद्ध गाय घी,प्याली में।

नंगे पैर, था पथ पथरीला
न डर, चली अकेली मैं!
दिवस चढ़ा था, काम अधिक
किंतु प्रभु मिलन की प्यासी मैं।

पार किया मैंने दूर था रस्ता
पहुंची मंदिर द्वार मैं अब!
चढ़ी सीढ़िया, दंग रह गयी
मंदिर के कपाट मिले थे बंद।

थी गुस्से में पुकार लगाई-
चलकर पुजारी आया पास।
खोलो मंदिर हे! पुजारी मुझे -
प्रभु-दर्शन की हैं अति आस।

मना किया मुझे, नहीं खुलेंगे
मंदिर के ये कपाट अभी!
समय से आना, देर हूँई क्यू-
ये कोई आने का समय अभी!

जाओ लौटो, बाधा न लाओ
मुझको हैं अब विश्राम करना!
नही खोलूंगा कितनी विनती कर
लो, मुझे परेशान नही करना।

मैं भी हट की पक्की थी-
बहस करी मैंने जमकर!
बोली पंडित मान भी जाओ
न हटूंगी, मैं आई कोसो चलकर!

पास अगर न जाने देगा
मैं फिर यहाँ धरना दूंगी।
न खाऊंगी न पीऊंगी
गूंगी मैं बन जाऊंगी।

अतः खोल दे कपाट गर्भ के
सुन पुजारी करूँ तेरा सम्मान!
घोर चाहना प्रभु दर्शन की
तरस तनिक खा पूज्य विद्वान।
मैं जगत की दुखियारी हूँ

इतना तू हे! विप्र!जान लेना।
तेरा मेरा कैसा झगड़ा-
मुझको बहिन मान ले ना।

ईश्वर दर्शन सहज मिलेंगे
ऐसा मैंने सोचा था।
मैं बावली सच्चे मन की
मिला प्रेम में धोखा सा।

पिघला हृदय, जय हो पुजारी
खुले कपाट, मैंने दर्शन पायें।
देख प्रभु की छवि अलौकिक
रोम-रोम हर्षित पाएं।

मिली सफलता, डटी रही जो
प्रभु दर्शन की अभिलाषा में।
हट से जब काम बना नहीं
काम सिद्ध किया मीठी भाषा ने।

विनयशील जो मानव बन तू-
जीत जाए संसार सकल!
हट व दंभ अवगुण हैं बंदे
कर परित्याग,फिर हो सफल।

24. आओ उन्हें नमन करें

जो अब हैं अतीत, देकर विरासत हमें!
पितृ-पक्ष हैं! आओ! उन्हें नमन करें!
वे लड़े गृहस्थ समर, हमें समृद्ध किया!
अपना सुख गँवाकर हमको चैन दिया!
आन रखी कुल की, मान बढ़ाया जग में!
आओ! नमन करें! जिनका खून दौड़ता रग में!
अति हर्षित होंगे, देखते स्वर्ग वातायन से!
फलती बेल सुहाती, देते आशीष खुले मन से!
16 दिन ईश्वर ने वारें! आते अपने धाम!
प्रियजनों का निरीक्षण कर देते वे वरदान!
आओ! याद करे! श्राद्ध करे!
पुण्य-कार्य हैं निर्बाध करें!
चलो! आओ! आह्वान करें!
श्रद्धा पूर्वक! उन्हें नमन करें!

25. विकास की आँधी

बदल रहा देश मेरा,
बदल रहा हैं गॉव।
बहुमंज़िला इमारत तन गयी,
गायब नीम की छॉव !
कुएं धसे धरातल में
टंकी गगन चूमती!
प्यास उदर की कौन बुझाएं
प्यास बोतल को ढूंढती!
कारखाने नये-नये लगे
गांव बन गये शहर!
प्रदूषण हुआ कितना मित्रों
हवा बन गयी हैं जहर!
दम घोंटू हैं वातावरण
पर देश तरक्की करता हैं!
ऊधमी नियम तोड़ता-
न किसी से डरता हैं!
एक अजीब दौड़ लगी हैं-
सब दौलत के पीछे हैं!
सब नाम के लिए प्रयासरत
कर्म से आँखे मीचे हैं!
रिश्ते सारे बदल रहें हैं-
वृद्ध प्यार को तरस रहें हैं!

वक्त नही हैं प्यार जताएं-
माँ-बाप को आँख दिखाएं!
अति आधुनिक यह जमाना-
काम ही काम..बस एक बहाना!

26. सुबह की सैर

चला टहलने भोर सुहानी
हल्की बौछार अंबर में बादल!
स्ट्रीट लाइट की रोशनी फैली
काली सड़क से पाने काजल!
छनकर दीप्ति पड़ रही धरा पर
मानो माँ सहलाती अपना बालक!
पौ फटी केसरिया चोला पहने
उदित होने को हैं जग-पालक।
 दृश्य सुहाना..प्रश्न एक हैं?
हम अब तक क्यू सोये हैं!
उठना होगा! जागो नींद से
सब तुम्हें जगाने आए हैं।

27. सैलून

आया हूँ सैलून में,
बाल रंगाने अधपके!
उम्र बढ चली ..
लग रहे है थके-थके।
दिखना चाहता हूँ,
आज भी नौजवान सा!
है भरोसा सैलून पर,
हूँ अति आशावान सा!
किए धूप में बाल सफेद-
किंतु मन में अधिक अंधियारा है!
नाई मेरा भाई तू!
अंतिम एक सहारा हैं!

तेरी कलाकारी से मन में -
शहनाई सी बज गयी!
चेहरा दर्पण में देखा,
नई उमंग सी जग गयी!
उजले से काले बाल!
उम्र घटाते कुछ अधिक!
नयी जवानी सी लाते हैं,
राह भटकते हैं पथिक!
दिन दिए तूने मुझे,

मैं जवानी पा गया!
रंग-रूप बदल दिया-
काम गजब तूने किया!
आएं हैं उम्रदराज लोग-
खुश हैं सब तेरे सैलून से-
सब मोटापे के शिकार-
लिए पेट पर बैलून से!
काम अति सराहनीय हैं-
सचमुच तेरा मेरे भाई!
मुझको रंगने वाले सुन ले!
तेरा सैलून बड़ा सुखदाई।

28. बरस विदाई

देखो बीतने को साल...चलो विवेचना करें!
कितना कमाया धन..आओ आकलन करें!
क्या खोया...चलो पता लगाएं!
क्या पाया...चलो ठिकाने लगाए!
कब कमजोर पड़े... आओ मनन करें!
कब सीनाज़ोरी की...चलो याचना करें!
कितना परोपकार किया...आओ विचार करें!
कितना प्यार किया...चलो दुलार करें!
कितनी ममता पायी..आओ माँ का आशीर्वाद प्राप्त करे!
क्या बापू से पाया लाड...चलों चरण वंदन करें!
बीतने को हैं साल देखो, हम कितने व्यस्त रहें!
जीवन की भागदौड़ में अपने क्यू रूठे रहें।
आओ उन्हें मनायें....नव-वर्ष को सहर्ष मनाए।

29. हिंदी दिवस

हूँ दुविधा में, किस घर जाऊं!
किसको अपनी व्यथा सुनाऊं।
संस्कृत की मैं बेटी हूँ!
आज कही खोयी बैठी हूँ।
मैं थी समग्र भारत की भाषा!
अब मुश्किल में मेरी अभिलाषा।
मैं हिंदी हिंद की जननी!
थी कभी रूपया, अब अठन्नी।
कितना भाव मेरा गिरा हैं!
मेरा आत्मबल अधमरा है!
अब गिनती की साँसें बाकी!
मैं बस हिंदी दिवस की साखी।
अंग्रेजी बनी मेरी अब सौतन!
मोदी जी बनो मेरे संकटमोचन।
लाओ कोई ऐसा कानून!
रगों में दौड़े फिर से खून।
घटाओ अब अंग्रेजी का मान!
मुझे लौटाओ मेरा सम्मान।
इंडिया के बदले भारत महान!
सोई बढ़ाओ अब मेरी शान।।जय भारत।।

30. मूछ की पूछ

मूछ कह रही गर्व दिखाती-
देखो मै कितनी गौरवशाली!
मानव मुंखमंडल की आभा-
बनाती व्यक्तित्व वैभवशाली!
अधरो ऊपर मे सज्ज हूं-
बनी नासिका मेरी आली!
उत्तर-दक्षिण पैर पसारे-
लू अंगडाई दुल्हनों वाली!

आन-बान हूँ,मैं हर नर की-
शान मेरे ही कारण पाते!
कितने सुंदर मुखड़े देखो-
बिन मूँछ न आदर पाते!
मूँछ रखाओ यदि हे!मानव !
याद महाराणा को तुम करना!
रखी मूँछ की लाज आमरण-
जीवन भर अकबर से शेर सा लड़ना।

प्राण की परवाह न शिवाजी करते
किया सफाया, पड़ा मुगलों को झुकना!
मूँछ को ताव भगत सिंह दे गये-
पड़ा फिर गोरों को डरना!

मूँछ पर ऐंठन भरी सैम मानेकशा ने
सरेंडर हुई पाक की सेना!

नर की मूँछ... वानर की पूँछ
ये सदैव सम्मान निशानी!
इनकी रक्षा हाथ स्वयं के
नर-कपि बनो तुम अभिमानी
बिन मूछो के नर की हानि-
दे ताव जो बने अभिमानी!
बिना मूछ के पूछ नही है-
करो मूछ की तुम रखवाली!

31. आओ खेले होली

आयी होली, चलो खेले होली
मन के सारे मैल मिटा कर!
बैर जलन मादकता तज कर!
झूठ का घूंघट आज हटाकर।
आओ खेले होली-२॥
अहंकार का मलीन आवरण चीरो!
तजो वैमनस्यता, न अधीर हो!
रंगो से सतरंगी जीवन बन जाए
भेदभाव मिटाकर आलिंगन पाए
तेरा चेहरा मेरा चेहरा,एकरूपी हो जाए
तभी त्यौहार ये, होली कहलाए!!
आओ खेले होली-२

32. अर्थ

बिना अर्थ के इस अर्थ पर जीने का कोई अर्थ नही है!
बिना अर्थ के इस अर्थ पर,जीवन की कोई वर्थ नही है!
अर्थहीन जो व्यकित विशेष है, उसके वचनो का कोई मोल नही!
बात पते की है मेरे भाईयो जिसने कही है, बिल्कुल सही है!
अर्थ अति हो, धारक मूढमति,तो निश्चय पतन की नींव पडी है!
अर्थ अल्प हो धारक शिक्षित, निश्चित विकास ने उडान भरी है!
सर्वहित मे बात यह कहता, अर्थ गर्त मे न ले जाए
करो अर्थ का संचय इतना जिसमे परिवार सुख से खाए।

33. नन्हे कुलदीप

आज सखी मैने सपना देखा!
सोयी नही, खुली आंखो से देखा!
सपनो में चुरा गया, कान्हा नवनीत
मैं मात यशोदा बन गा रही गीत!
सुन सखी! मुझे हुआ प्रतीत!
मेरे आंगन आया! मेरा कुलदीप!

विजन व्योम ने भरी हुंकार!
ममत्व कर रहा यही पुकार!
आंगन सजा लो, हे! लतिकाओ!
हे! पुंकेसर! नयी कलिका लाओ!
मेरे कुलदीपक का पालना सजाओ!
सुन रे माली न ज्यादा इतराओ!
फूलो की माला, जल्द बनाओ!
सुगंधित करो, घर आंगन मेरा!
आज निरीक्षण बहमाता तेरा!
मैने देखो! स्वागत मे तेरे!
पनघट के लगाये अनेको फेरे!
घट भरे, जलहरी सींची!
भोर होते ही चिडिया की चीं-चीं!
मोर नाच रहा! गदगद मोरनी!
अश्रु चुराती, बनकर चोरनी!

गाय समझ गयी, गोपाल आए है!
मुझ धेनु की वेणु लाए है!
चातक देता टेर निराली
बीता सावन अब आए दीवाली
मन पुलकित है, दिल गदगद है
मंगल गाऊं, सखियो का संग है
आज धरा कुछ अप्सरा सी दिखती
नीलगगन मे ज्योतिर्मय दीप्ति
तारागण खूब ठिठोली करते,
गाते नया संगीत!
अहो भाग्य माते है तेरा, तेरे घर आया!
तेरा अपना नीत॥

चले नवग्रह धरा की ओर!
देते आशीर्वाद, होते ही भोर!
कोयल आती, कुछ इठलाती!
मैना गाना मन ही मन गाती
हंस करे ठिठोली, हमदम के संग
हुदहुद का पंगा, तने के संग
कौआ करे कॉव-कॉव
पपैय्या के बदले हॉव-भाव
इंद्र देव ने बरखा को भेजा!
री मस्त पवन झोंके तू देजा!
सूरज देता धूप निराली!
चंदा की चॉंदनी बडी मतवाली!

मै नाथ तुझसे यह बोली!
सचमुच भर दी मेरी झोली!
प्रभु ने रखी भविष्य की नीव!
भेज आंगन मे नन्हा कुलदीप!

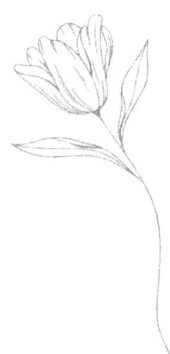

34. मेरी प्रेम-यात्रा

जीवन भी एक अजीब पहेली है,
जिंदगी जैसे मौत की सहेली है!
उसी प्रकार यह जीवन -
एक रहस्य बन चुका है!
पागल मनुष्य, इसको-
न समझ सका है।
जीवन तो क्षण-भंगुर है!
यदि पड़े बूंद तो अंकुर है।
वरना तो बंजर भूमि है-
एक ऐसी कर्मभूमि है-
जहाँ चिरकाल से मनुष्य
झूझता चला आ रहा है !
बस यूँही बेमौत मरता आ रहा है!

कभी भावना पर, तो कभी अल्पना पर-
कल्पना के चक्कर में, मन की चेतना पर-
सविता के सहारे, सरिता के किनारे-
कविता की रचना कर रहा है-
बस यूँही बेमौत मर रहा हैं!
संध्या जीवन में आई-
जीवन में क्या लाई?
अंतिमा अणिमा से हटकर-

करती है मुकाबला डटकर!
सोनालिका चंद्रलिका से-
अरूण की मधुलिका से -
वार्तालाप है करती-
मृगनयनी आहें भरती-
वरूण को खोज रही है-
एकाकी जीवन को कोस रही है!
सीता-गीता से, अनिता प्रेमलता से!
प्रेमी के बारे मे, जाने-अनजाने में!
कुछ कह बैठी दिल दे बैठी अंजाने में!

राधा विधाता की मारी!
बेजान सी बेचारी।
कबरी अधीर खुली!
जैसे मुरझाई हूई कली।
न कोई अवलंब है!
प्रिय यह कैसा विलंब है?
तुम भी धोखा दे गये-
जीवन रूखा कर गये!
नम्रता बड़ी विनम्रता से!
भावना के घावों से।
धूलिका के कणों को!
आंसूओ से धो रही है!
बस सतत रो रही है!!
भाटी की सहपाठी वो!

मन ही मन चाहती वो!!
देखती उसे झरोखे से!
भाटीजी थोडे अनोखे थे।
प्रेम में बॉंधना चाह रही!
मन मे प्रेम ज्वाला जाग रही!!
दोनो ने थामी प्रेम की डोर!
जीवन दौड़ा हंस की दौड़।
समय परखता मानव का साहस!
प्रेमी करे यदि कोई दुस्साहस!
जो नर करे समय से बैर!
वह अवनति पाता दूजे प्रहर!!
भाटी पहुंचे अब मद्रास!
वायुसेना में करते अभ्यास।
प्रेम न ठहरा, चार मास!
सब नियति का है हाथ।
अपूर्ण रही मेरी प्रेमयात्रा!
पूर्ण करूँ देशप्रेम की यात्रा!
इसमें सच्चा सुख मैं पाऊं!
सुखद सफल वीर कहलाऊं!
देशहित यदि वारा जाऊं!
अपने को मैं भाग्यशाली पाऊं!
जय हो जननी! मैं तेरा सपूत!
देशहित करूं ऐसी करतूत।
नाम बढाऊं, मान बढाऊं!
सदैव तिरंगा ऊंचा पाऊं!।

35. प्यासा सावन

बरखा न आई मैं प्यासी हूं
    मुझको है ये खेद सखी!
बीता आषाढ़, घन घिर आए
    सावन न बताएँ भेद सखी!
चारों ओर ऊष्णता छाईं
    कली-२ लेती अंगडाई
वक-चातक की घोर पिपासा
    सूखे तालाबों पर ले आई
घडी़ कठिन है, मैं बेबस हूं
    मुझसे कुछ करे न जाए ! सखी॥
चिड़िया थकी-२ सी लगती
    साँसे गिरी-२ लगती
लता पादप से लिपटी रहकर
    अपनी करूण वेदना कहती
मरण नही है, मसला यही है
    मुझसे यह हालत न देखी जाए!सखी॥

36. लेखनी हूँ

लेखनी हूँ..लेख लिख करतब अजब दिखलाती हूँ
करती कलम से सर कलम..तलवार मैं बन जाती हूँ!
लिख रही हूँ अनादिकाल से..थकती नही मैं हूँ अथक!
प्राण-प्यारी कवि की..लिख रही हूँ अविरत!
भेद-भाव करती नही, छवि मेरी बेबाक हैं!
पैमाना मेरा सटीक, यही मेरी पहचान हैं!
प्रेम-रस की स्याही से,बिरह में रॉझे को रूलाती हूँ मैं!
वीरता भर वीर रस से, अभिमन्यु को चक्रव्यूह का भेद बताती हूँ मैं।
भक्ति रस से भरे अर्जुन को बीच रण में गीता-पाठ मैं पढ़ाती हूँ!
रौद्र रस बीच घिरे, अभिमन्यु को चक्रव्यूह तोड़ना सिखाती हूँ!
क़लमकार की सहभागिनी बन नयी कहानी रच रही!
मन के विचारो की बुन कथा नित रच रही!
मैंने कितने युद्ध लिखे हैं, असंख्य लिखे है हादसे!
माँ यशोदा ने कान्हा की चोरी पकड़ी, मैंने लिखी हैं याद से!
भूल मुझसे हूँइ जो पूर्व में,आज सुधार रही हूँ मैं!
कवि के मनकी व्यथा, साहसी बन लिख रही हूँ मैं!

37. मेरा रथी

मैं प्रेम की भरी गागरी!
गीत छलकते इससे पल-२
लो बतला दू तुझे आज री
मैने पा लिये अपने गिरवर!

अब विरह की रजनी मुंझसे
रहती कोसो दूर सखी!
खत्म हुइ दुख की पाती
नव वसंत आया, देख सखी!

मैने बोये बीज आशा के
सींचा इनको खूब सखी!
विकास रथ सज्ज खडा है
बाट जोहता किधर रथी!
मेरा अनुगामी मुझको दे दो
जिसे ढूंढती मैं सखी।

आज विरह की इस बेला ने
लील लिये सपने सारे!
कुम्हला गयी मेरी आत्मा
दिन मे दिखते टिमटिम तारे।

खोयी चेतना, मलिन साहस
उत्तेजना परेशान भटकती है!
मेहनत कितनी मैने की है
यही बात मुझे खटकती है।

आत्मविश्वास ने आवाज लगायी
सफल रहे यात्रा हे! प्यारी सखी।
रथ को अपने पथ पर ले चल
खुद ही बन कर तू रथी!

38. उथल पुथल

उथल-पुथल सी मची गगन मे,
छाया घोर अंधेरा।
ढूंढ रही अपने प्रियतम को
जो कही खो गया मेरा॥

निकल पडी हूँ, उसे खोजने-
जो विस्मृत पथ चले गये।
मुझ बावली को कर व्यथित
किसी कामना से ठगे गये॥

बिखरे मेरे मोती से सपने
अपने, मेरे अब न रहे॥
सुख की करवट अब न मिलती-
दुःख के मंजर सता रहे॥

काया मेरी छाया से डरती-
आत्मा मलिन कुम्हलाती है।
साहस मेरा डावाडोल
हिम्मत अब शर्माती है॥

बैठू तरू की छांव ,सांस
मुझे तब आएगी!
मानी तेरी बात सखी
कि इक दिन तू पछताएगी?

तेरा कहना देखो सच निकला-
मै नीर बहा डूबी जाती!
दुख के बादल गरजे मुझपर
संग नही कोइ साथी।

परवाह नही जीउं मरूँ मै-
पर इतना बतलाती हूँ!
बैठ साहस की गोद सहेली
लक्ष्य भेद कर आती हूं।

तू मेरा इतना कहा कर दे!
मेरा संदेश उनको जाकर दे।
कि नारी हूँ,नर पर भारी हूँ!
तुझको पाकर ही दम लूंगी-
सकल सवेरे आ रही हूं।

39. हाथ की लकीर

भाग्य मे मेरे क्या लिखा है,
पूछो हाथ की लकीरो से!
जग मे धनी बन, विख्यात बनू,
पूंछू बाबा और फकीरो से!

एक लकीर, हाथ की कहती,
संग तेरे जो सरिता रहती,
समझो धन की नदिया बहती!
साक्षात लक्ष्मी है ये प्यारे!
इसके आने से छटे अंधियारे!

दूजी लकीर मुझे बतलाती!
हाथ मे रहकर वह पछताती...
कहती कितने ही मै दुखडे लाती!
इस मानव मुख से हंसी न जाती!

तीजी कहती, सुन मेरे जग अब
अजब-गजब है इसके करतब
ये मानव बडा पुरूषार्थी!
सौ महारथियो का एक महारथी!
इस पर अपना सबकुछ वारती!
सब कुछ देती एक पल न विचारती!

मै हू इसके भाग्य की रेखा!
ईश्वर न करे इसे कभी अनदेखा!
इसके जीवन की मै हू चित्रलेखा!
पूर्ण करू सपना,जो इसने है देखा!

चौथी कहती कुछ इठलाकर!
सच कहूं सब कुछ झूठलाकर!
मेरा धनी, व्यकित विशेष है!
गुण अधिक, बस अवगुण एक है!
नही ध्यान इसे अपने तन का!
करता रहता बस अपने मन का!
मै कह-२ कर हारी!
जंग आलस से अब तक जारी!
जीतू कठिन डगर है मेरी!
संभल हाथ लकीर मैं तेरी!

40. बूंदे

बहुत बडे है वो...
जो मिट्टी से जुडे है!
मिट्टी में मिल जाना...
ईक दिन सबने...
हम सब कुदरत ने घडे हैं।
आती है बरखा-
धोने पाप की धूल!
जाने या अंजाने मानव करता है
जो भूल!
करदेती पवित्र आत्मा जो थी कभी मलिन..
आओ काले बादल से
मांगे कुछ बूँदें महीन॥
अलसित जगत को नयी स्फूर्ति
देती मंद फुहार।
कर देती मन आनंदित सब गाते
गीत मल्हार॥
प्रकृति का पा दुलार सखी चलो-
चले सखा से चिर लंबित मिलन को!
सूखी धरती पर पडी बूंद ने-
बोया बीज क्षुधा उन्मूलन को!

41. मन रे तू बडा चंचल

मन मेरे तू बडा अलबेला!
चल पडा युगपथ पर निपट अकेला!
पास नही तेरे एक धेला!
कैसे देखेगा इस जग का मेला!

तेज धूप में क्यू तपे बावले!
भूख प्यास से क्यू मरे बावले!
आ मेरे उपवन तो आ!
एक पल पल का विश्राम तो पा।

ठंडी छांह यहां मिले बावले!
मेरे शीतल दामन को थाम ले।
मिले जगत की परम खुशी तब
पुलकित सपने हो तेरे जब।

भरे भावना के घाव तेरे सब-
जीवन मधुमय तेरा लबालब।
पुरजोर तेरी करू निगरानी-
सुखद सफल हो तेरी कहानी।

माथे की सिलवट मिट जावें
नित नयी तन चेतना लावे।
बजे सफलता की रणभेरी
सर्वाधिक प्रसन्न मात मै तेरी।

लगी नव प्रभात की फेरी!
रे! मन मात सदा मै तेरी।
चंचलता बेटा! अब तो तज दे
परमेश्वर को,अब तो भज ले।

मन मेरे,मेरी तू मान
स्थिरता जीवन है,ले जान।
चंचलता का मोल नही है
बात यह सोलह आने सही है।

शांत चित्त से कर जयकारा
मन मे स्वच्छ धवल उजियारा।
सुखद बने अब जीवनधारा
मन न रहा अब चंचल बेचारा।

42. कुरूक्षेत्र

बीज पोषित हुआ इंद्रप्रस्थ की, भूमि पर
बना काल कूरू के कुल का!
मायासुर की रची इस नगरी में,
अवसर नही किसी भूल का॥

गिरा सरोवर बीच कुलदीप कूरू का
समझ आधार धरा को!
वही ठिठोली यज्ञ-सैनी की,
चीर गयी सुयोधन हृदय को!

अंध पुत्र का आभास कराती,
वह द्रौपदी की वाणी!
बीच सभ्य-जनो में कूरू की
कर गयी मान की हानि!

स्वभाव कराता कृत्य सभी से,
कितना ही सभ्य बनो तुम!
थी पंच वीरों की भार्या,
फिर क्यू न पनपें, दंभ व तमोगुण!

पानी में गिरा, पानी-२ हुआ
पानी रक्त गात का!
लिया मन में प्रण बदले का
था वो भी क्षत्रिय जात का!

बीज गया बैर अब देखो
होती किसकी हानि!
सब खेल मृगमरीचिका का, कारण
बनी द्रौपदी अभिमानी!

दंभी से अभिमानी का जब
हो सामना किसी पथपर!
होता युद्ध विचारो का फिर
मानव चढता क्रोध के रथ पर!

नर पर पड़ती भारी नारी
नर को न कभी सुहाई!
आग-बबूला पूरूषत्व
दिल में बात बहुत अकुलाई!

पीकर घूंट अपमान का चला
सुयोधन अपनी राजधानी!
कर उपहास राजकुमार का
खुश थी इंद्रप्रस्थ महारानी!
क्षण में प्रलय, काल बीतते

सृजन सृष्टि का होने में!
शब्द जिह्वा से यदि कड़वे निकले
इक पल लगता अपने खोनें में!

शब्द तीर बन जाते मित्रों,
देते गहरी चोट!
अपने पल में पराये होते
इसमें अपना खोट!

तोल-२ कर शब्द निकालो,
बोलो ऐसी वाणी!
हो सम्मान बडे का,
ना छोंटो की हानि!

सब जाने मूल्य वाणी का
क्या लाभ क्या हानि!
मूर्ख है वह मानव जगत में
बना रहे जो अभिमानी

सरल स्वभाव रखो,
सम्मान करो सभी का!
समय बडा बलवान है मित्रों
हिसाब करे सभी का!
अनुलेपन करता शकुनि
अपने प्यारे भांजे के घावो पर!

समझाया सुयोधन को, दो निमंत्रण
विश्वास करो पासों पर!

भेजो बुलावा युद्धिष्ठर को
खेल खेले चौसर का!
करो आतिथेय ज्येष्ठ का,
जो महाराज है इंद्रप्रस्थ का! क्रमशः——

43. सुन रे! कवि

सुन रे! कवि घमंड न करना-
कितना भी अच्छा लिख लो!
रखना नियंत्रण मुझ सबला पर
सत्य स्याही से मुझे मथ लो!

प्रसिद्ध जगत में हो जाओगे-
निज गौरव तेरा बढ़वा दूंगी!
मेरा लिखा जग बोलेगा-
बनी रहूँ चाहे मैं गूंगी!

कहना मेरा इतना तुझसे
सरल मार्ग चलना कविवर!
राह दिखाना कविता लिखकर
पाठक के बन मार्गदर्शक!

मैं साथी हूँ तेरी सच्ची,
सत-पथ मैं ले जाऊंगी!
नवरसों के रमणीक सरोवर में
प्रेम की डूबकी लगवाऊंगी!

मैं कलम-तुझे बतलाती हूँ!
डोर सत्य की पकड़ चलना!
धर्म-सूत्र बतलाती हूँ मैं ये
भूल नही कभी करना!

लिखी भाग्य में नियति ने जो
घटना घटकर ही वो रहती!
समुद्र खड़ा शांत चित्त, नदियां
सदैव निज कारण बहती!

भवन बनाने वाले श्रमिक
न आनंद भवन का हैं पाते !
दिन-भर मेहनत मधुमक्खी करती
शहद पान अन्य ही करते!

परोपकार हैं सच्चा काज-
हर मानव को करना होगा।
सरल आचरण मानव यदि तेरा-
स्वर्गाधिकारी तू निश्चित होगा।

44. नन्ही परी

मेरे घर की चहल पहल वह
अति प्यारी लगती मुझको!
अपनी भोली मुस्कान से-
अपना बना लेती सबको!
उसके आने से महका मेरे
घर का एक-एक कोना!
कब से राह देख रहा था-
सुनू मैं..नन्हें बच्चे का रोना!
मैंने स्वप्न में देखा,मेरे आंगन-
वह छोटी चिड़िया बन आई!
मैंने उसको दाना डाला-
वह मुँडेर से नीचे न आई!
मैं रूठा और उदास हुआ-
वह झट उड़ कंधे बैठ इतराई!
मुझ पर इतना प्यार जताया-
बात समझ न मेरे आई!
अब सोचूं तु वही चिड़िया-
जो सपनों में थी आई!
अब बन पोती मेरे घर-
तू नन्ही परी बन किलकायी !
जीवन का आनंद मिला-
सब खुश हैं,नये खिलौने से!

मेरी प्यारी वीरां के आगे सब-
सुख-वैभव है बौने से!
धन्यवाद हैं प्रभु तेरा..
जो इतना सुख प्रदान किया!
मात्र पुत्र का पिता था मैं
न कोई कन्यादान किया!
यह इच्छा भी पूरी कर दी
पा पोती घर में अपने!
प्रभु सबका भला करो-
पूरे कर सब उनके सपने।

45. किसान

जी हाँ! मैं किसान हूँ!
थोड़ा सा परेशान हूँ!
लड़ता हूँ भाग्य से..
कर्ज़वान मैं दुर्भाग्य से!!
फसल निर्भर मौसम के सौभाग्य से..
परंतु... थोड़ा नही..अब अधिक परेशान हूँ!
साहूकार के कर्ज का पीड़ित मैं किसान हूँ।

बटोर लेता हैं वह मेरी सारी फसल को!
साल न लगती होते दूना, उसके असल को।
इतनी तेज़ी से मेरी फसल भी नही बढती!
न जानें!क्यू! मुनीम की कलम नही रूकती।
अनाज का ढेर गायब, बंद ज़ुबान हैं!
आँसुओं से सिंचित मेरे खेत खलिहान हैं!
सच कहूं! जिंदगी,हृदय से लहूलुहान हूँ!
हाँ! मैं किसान हूँ, थोड़ा परेशान हूँ!

रह जाता भूसा, अनाज का ढेर भी नदारद!
छोड़ता नियति पर, संवरेगी भाग्य शायद।
पाता इंद्राज नयी रकम साहूकार के खाते में!
बोता नये बीज आशा के, ले बैल अहाते से!
खुश हूँ देख अंकुरित बीज चार बीघा खेत में!

लहराई फसल, खिली बाल नव-वर्ष चैत में।
ईश्वर मैं तेरा मेहरबान हूँ! तनिक आशावान हूँ!   ।।जी हाँ मैं किसान हूँ।।

पकी फसल, आया साहूकार लेने असल!
दोगुना ब्याज व असल..मन हैं अति विकल!
फिर से फसल, खा गया साहूकारी असल!
वाह री! किस्मत इस बार भी मैं रहा विफल!
तंग हूँ, दंग हूँ... जिंदगी से परेशान हूँ!
साहूकारी तलवार की, जंग खायी म्यान हूँ।
हाँ! मैं किसान हूँ।

शुक्र उदित, चिंता उदित!
बेटी का विवाह किया सुनिश्चित!
पल खुशी के, परंतु मन व्यथित!
साहूकार को जब किया सूचित!
लिखी दो बीघा जमीं, बोझिल मैं किसान हूँ!
विवश पिता हूँ! लाचार इंसान हूँ!
।।हाँ मैं किसान हूँ।।

एक तरफ फर्ज...दूजा मेरा कर्ज !
सरकार बेपरवाह..न सुने कोई दर्द!
किसान मैं पंजाब का, मैं ही हूँ विदर्भ का
लटकता हूँ पेड़ पर, थका हारा संघर्ष का!
मिथ्या लगता नारा, जय जवान जय किसान।
सीमा पर जवान व खेत में किसान!

जवान देशहित जब वारा जाता,शहादत पाता।
मैं किसान जब थककर कर्ज से मुक्ति पाता!
मरकर एक मजाक सा बनकर रह जाता!
खेत मेरे लिए कुरूक्षेत्र हैं...धर्म-युद्ध भी!
लड़ती रहेगी मेरी नस्लें,परिस्थिति कितनी हो विरूद्ध ही!
खड़ा हूँ अटल, मरकर भी मैं निडर!
रथ विकास का, मुझसे ही होता प्रखर!
बढ़ाऊंगा GDP जीवन में कितना ही संघर्ष हो!
भारत-माता की जय का विश्वभर उदघोष हो।